여배우의 사색본능

초판 1쇄 발행 2021년 8월 9일

지은이 리다해
펴낸이 장길수
펴낸곳 지식과감성#
출판등록 제2012-000081호

교정 오현석
디자인 조인경
편집 조인경
검수 백승은, 윤혜성
마케팅 고은빛, 정연우

주소 서울시 금천구 벚꽃로298 대륭포스트타워6차 1212호
전화 070-4651-3730~4
팩스 070-4325-7006
이메일 ksbookup@naver.com
홈페이지 www.knsbookup.com

저작권 등록번호 C-2020-051446
ISBN 979-11-6552-977-2(03810)
값 15,000원

- 이 책의 판권은 지은이와 지식과감성#에 있습니다.
- 이 책 내용의 전부 또는 일부를 재사용하려면 반드시 양측의 서면 동의를 받아야 합니다.
- 잘못된 책은 구입하신 곳에서 바꾸어 드립니다.

지식과감성#
홈페이지 바로가기

여배우의 사색본능

리다해 시집

골수에 파고드는 짜릿한 자극이 있어야
정열에 파고가 일렁이는 줄 알았다
높고 넓고 특출한 이와 마주해야 창조의
바람이 훑고 지나갈 것만 같았다
구름을 타야만 배우가 되고 시인이 되는 줄 알았다

제게 2020년은 생소하게 다가왔습니다.

집에 있는 시간이 길어지며
창밖을 바라보곤 했지요.
청록의 나무들과 새소리가 이토록 아름다운 것인지
이때 제대로 알게 되었습니다.
바이러스가 떠돌 무렵 이렇게 전 식탁에 앉아
시를 쓰기 시작했어요.

한 공간에 매몰되어 있다는 생각을 한 적이 없습니다.
눈앞의 작은 자연과 소소한 일상이
새삼 감사하게 느껴졌습니다.
작은 그릇까지도 의미 있는 존재로 다가왔지요.
가족들이 내는 분주한 소음조차도 잔잔한 음악처럼
귓가를 맴돌았으니까요.

마음을 꽉 채우는 이 모든 걸 시로 옮길 수 있다는 게
행복합니다.
비록 아장아장 걷는 아이의 한 걸음이지만
내 안의 무언가를 여러분에게 흘려보낼 수 있다는 건
참말로 경이로운 일입니다.
시간 안에 갇힌 것이 아닌 시간 밖에서 유영하며 부르는
제 노랫소리를…

한번 들어봐 주시겠어요?

2021년 5월
빗소리가 잔잔히 흐르는 거실에서

리다해

서문 ··· 4

1 일상에서 얻은 기적

이 하루 ··· 10
손 편지 ··· 11
만족 ··· 13
녹화(綠化) ··· 15
사과 하나 ·· 16
작은 수첩 ·· 17
주말의 명화 ··· 18
라흐마니노프 피아노 협주곡_제2번 c단조 18번 2악장 ········· 20
책 또는 희열 ·· 21
친구 ·· 22
커피 ·· 23
십 대의 탐닉 ·· 24

2 내면의 소리는 울려 퍼지고

쉬운 일 ·· 28
아가야 ··· 29
이별이라고 ··· 31
영광이라는 것 ··· 33
사울 ·· 34
분노라는 것 ·· 36
자기애(愛) ·· 38
향기 ·· 40
이십 대에게 보내는 헌시(獻詩) ·································· 41
피아노에 앉으면 ··· 43
함정 ·· 44
꽃과 아이와 브라운관 ··· 46

3 가족이라는 이름으로

엄마 젖 ······ 50
19세기 우리 아빠 ······ 51
Boy ······ 54
볶음면 ······ 56
교감 ······ 57
세대 차이 ······ 58
아이들 ······ 59
여보라 부른다 ······ 60
연습 ······ 61
부엌에서 ······ 62
두통에 대한 단상 ······ 63
한 사람 ······ 65
질투 ······ 67
10월의 루틴 ······ 68
엄마와 딸 ······ 70

4 삶의 또 다른 발견

아름다운 것들 ······ 74
위안 ······ 76
창조성에 대해 이렇게 말했다 ······ 77
여기에 있다 ······ 79
꿈을 살아가는 그대는 ······ 81
사색 ······ 83
연인들의 데이트 ······ 85
지하철에서 ······ 87
길가에 서서 노래 부르다 ······ 89
잉태 ······ 91
눈을 뜨면 생명이 시작된다 ······ 94
이제 보자기를 펼 시간 ······ 97

에필로그 ······ 100

1

일상에서 얻은 기적

이 하루

찬란한 하루 찬란한 날씨
눈이 부신 신록을 보며 신을 느낀다
에메랄드빛 풀잎이 빛을 머금었다
그 빛에서 희망을 발견하고 기쁨을 되새긴다

시간은 이 순간도 흐르지만 삶은 하나의 그림일 뿐
흐름은 순간의 그림이 되어 마지막을 장식할 뿐
그토록 미약하기 그지없는 먼지처럼 작은 내 그림
세포 같은 그림 속에는 수많은 사연의 DNA
그 사연을 아름답고 정직하게 꾸미는 건 온전한 내 몫

이 순간을 살며 그 찰나에 머물며
당신에게 영롱한 빛이 되기를

2020년

손 편지

이곳에 손 편지가 있다
빼곡히 말이 담겨있다
온갖 사랑과 우정이 담겨있다

그들은 도대체 어디로 사라졌는가
아, 옆에 있는 네모난 기기 안에 담겨있구나
왠지 저 작은 컴퓨터가 미덥지 않다

꾹꾹 눌러 쓴 연필의 체취가 느껴진다
거기 연인이 있고 친구가 있고 스승이 있다
과거의 아주 옛적의 전유물은
이곳에 앉아 날 마주 보고 있다

매력 넘치던 친구가 하늘로 훌쩍 떠난 후
그녀의 노란색 창*을 열었다 우리의 글을 캡처했다
손 편지로 남긴 게 없으니
참 간단하구나 온기가 없구나 서글프구나

수많은 손 편지를 먹었다
배가 부르고 메말랐던 마음에 촉촉한 단비가 쏟아진다

눈으로 삼키니 난 소중하고 대단한 사람이 되었다
보잘것없는 사람이라 여겼는데 타인의 사랑이 넘쳐났구나

네모난 기계를 소파 위에 던져버린다
딱딱하고 차갑고 냉기가 흐르는 물건 같으니라고
마음을 다 차지했다고? 네가 담을 수 없는 것들이
있단다 넌 인간의 깊은 구석을 다 이해할 수 없단다

연필을 들고 손 편지를 쓰련다 인생이 두 배가 될 터이니
우린 부자가 되겠지 쓰다 지우고 다시 쓰고 널 생각하련다
손 편지를 잘 보관해주렴 두고두고 배를 불릴 테니
넌 굶지 않는 새가 되어 어디든 날아갈 테니

2020년

* 카카오톡 메시지

만족

웅크리고 있던 감정이 소용돌이를 일으킴은
죽음이라 일컫는 마지막 과정을 눈으로 읽었기
때문이다
오묘하고 신비로운 그 과정을
괴롭고 슬프며 마주하고 싶지 않은 그 시간을
토이 형은 찬찬히 말해준다

제대로 겪어보지 못한 난
외할아버지와 외할머니를 떠올린다
한 달 간격으로 하늘의 빛처럼 퍼지듯 사라져버린
내 조상 부모의 사그라짐을 회상한다
병원에서도 집을 그리워하던 할아버지의 음성
증손주 보는 것 마지막임을 직감하고 눈물을 훔치시던
외할머니 모습
그 모습 뒤로 외갓집의 아련함이 잔잔히 묻어난다

토이 형의 스토리가 날 그곳으로 데려가며
넌 죽음을 아니 하고 물어본다
"몰라" 담담히 대답하고
만족의 미소를 입가에 머금는 건

레빈과 그의 형 니콜라이를 통해
그 엄숙한 과정에 조금은 도달해본 듯하기 때문이라
《안나 카레니나》^{**}와 안동 외갓집의 이어짐은
이해해보려 애쓰는 부질없는 지성의 활동 아래
씁쓸한 만족을 불러일으킨다

2021년 2월

* 러시아의 작가, 톨스토이(Lev Tolstoy 1828-1910)
** 톨스토이의 장편 소설 제목

녹화(綠化)

엄마 품은 푸르른 날의 꿈이건만
하늘에 닿아있는 초록빛 능선이 노래를 부른다
감미롭고 따스한 선율은 자궁에 홀로 앉은 아이를 감싸안는다

온통 초록으로 물든 사방이 풀 향기를 내뿜고
아이는 싱그러운 웃음으로 풀잎을 받아들인다
고향이라 불리던 포근한 양수는 이 몸을 조용히 끌어안는다

산이며 들이며 나무와 식물들이 어미가 되어 날 품고
떠나기 싫어 가만히 오래도록 안겨있었다
아이는 이제 녹색의 엄마 품을 뒤로하고 땅에 나무를 심는다

2020년

사과 하나

사과야
반들반들한 네 피부에 빨간 물이 들었구나
부끄러운 일이 있었니?
얼굴을 붉힐 줄 아니 넌 진실한 이인가 보다

사과야
식탁 위에 홀로 있어도 참 당당하구나
네 속은 그렇게도 꽉 차있니?
홀로 당당할 줄 아니 넌 둘러 가지 않고 올곧게 걸었나 보다

사과야
이쁜 줄만 알았더니 여기저기 상처가 있구나
무슨 일로 그런 아픔을 가졌니?
아물지 않았음에도 네 모습을 잃지 않으니 넌 사과다

사과야
맛도 좋고 즙은 시원하며 영양 만점에 건강하구나
나도 널 닮을 수 있겠니?
사과가 사과인 것처럼 나도 나이고 싶으니 아무래도 널 닮아야겠다

작은 수첩

손바닥만 한 수첩 속에 펼쳐진 단어들이
조화롭게 열거되어 반겨준다
단어 하나하나가
1, 2, 3, 4, 5, 6, 7… 정렬된 숫자가
내가 가야 할 길을 보여준다
한 문장의 메모가 세상을 가리키며
뛰어나가라고 일러준다
그 속에 담긴 하루가 가득 채워지고
또 하루가 시작된다
한 달이 차곡차곡 쌓여 일 년이 되고
한 해의 완성품으로 돌아온다
이것이 예술 아니면 무엇이랴
작은 몸뚱이 하나가 내 정신세계를 담아
한 인생을 창조한다

2021년

주말의 명화*

익숙한 음악이 흐르면
마음을 단장하고 텔레비전 앞에 앉는다
그 멜로디는
잊을 수 없는 추억이요 동심을 물들인
환상의 세계였다

세상이 열리고
등장한 인물들은 아름다웠어
그들은 꿈을 살아주는 사람들
파스텔로 미래를 물들이는 화가들
울 때 함께 울고 웃을 때 함께 웃는다

한 편의 이야기
어린 소녀는 큰 풍선 열기구를 타고
미지의 나라 이국적 세계로 떠난다
설레임을 가득 품고
콧노래를 부른다

달리고 달려 화면 속 세상으로
풍덩 뛰어들었다
기쁨으로 보듬고 노래를 불렀지
그들은 꿈을 듬뿍 담은
선물 상자를 안겨주었다

익숙한 음악이 흐르면
기대에 부푼 소녀는 텔레비전 앞에 앉아
희망의 꿈을 꾼다
여전히 마음 한편 간직된
토요일 밤 반짝이던 환상의 별이여

* 저자는 토요일 밤에 방영하던 영화 프로그램 '주말의 명화'를 1980년대 중반부터 1990년대 중반까지 즐겨 보았다.

라흐마니노프 피아노 협주곡
_제2번 c단조 18번 2악장

광활한 평원에 홀로 서있는 나무는
외롭지 않다
대지가 뿜어내는 숭고한 기운에 젖어
잎을 틔우고 열매를 맺는다
외로운 것이 아니라
단지 고독한 것
뿌리를 단단히 내리고
하늘을 향해 펼친 손 위로 비를 내리듯
그의 음률이 흐른다
음계를 가득 담은 위로는 세상의 것이 아니다
천상의 리듬이
마른 곳을 적시고 메마른 영혼을 채운 것이다
땅의 황량함에 생기를 불어넣어
생명을 살리고
나무의 모습 그대로 존재하도록
숨결을 머금게 했다

책 또는 희열

푸르름을 먹으며 책을 읽고 싶다
책은 사슴의 먹이요
양의 풀이다

깊이를 알 수 없는 책의 세상은
혈관을 팽창시키며
혈액의 흐름을 올곧이 잡아준다

책이 주는 선물은 또 있다
맹수가 달려와 포효한들
웃어버린다 용기를 선물 받았기에

낱장에 빼곡히 들어선 글자 하나하나가
손끝부터 발끝까지
타닥 스파크를 일으키는데 이건 오르가슴이다

이 희열을 어떻게 종이에 다 쏟아놓을까
흥분과 눈물과 새로운 기쁨을
헛헛한 몸뚱이에 훅 부어버리니

2020년

친구

휙 날아가는 시간을 붙잡으니
그곳에 친구가 있었다
편린의 기억은 되살아나 마치 어제 일이 되었고
그 깔깔거리던 웃음은 너와 날 성장시켰다

학교 운동장에 울리던 너의 웃음소리
바람처럼 물결처럼 내 살결을 훑는다
손가락 마디마디에 온기가 느껴지고
그 따뜻한 중력은 어느새 20세기로 끌어당긴다

기계는 우릴 침범하질 못했으며 오롯이 손으로
우정을 나누었고 그 흔적은 이곳에 있다
꿈, 희망, 응원에서 섭섭함, 눈물, 미안함까지
하나하나의 감정이 살이 되고 몸이 되어 이곳에 있다

내 시절을 수놓았던 친구야 어디에 있을까
난 여기 있는데 넌 별에 있는 걸까 우주에 있는 걸까
어디서 무얼 하며 살까 그날들을 떠올릴까
네 작은 꿈결이 되어 기억하고 있을까 내 일부분이여

2020년

커피

씁쓸하다
입안을 맴도는 이 쓴맛
목구멍을 타고 가슴을 타고 심장을 두드린다
심장은 콩닥콩닥 쓴맛에 내달린다

두근거린다
가슴을 가득 채우는 시계추
생각을 가다듬으니 먼 구름이 이곳에 도착했다
현실은 똑딱똑딱 구름에 오르질 못한다

내달린다
넌 내 것이라며 소리 지르는 입술
흑갈색 기운에 등을 펴고 몸을 내맡긴다
커피 향이 몽글몽글 꿈은 나의 편이 되었다

2020년

십 대의 탐닉

다락방 창문 앞에 앉아
《캔디캔디》를 읽었어 소설도 만화도
그녀의 미소에 신비한 힘이 있었는데
나도 좋아했지만 테리우스도
헤어나기 힘들겠다 이미 알았지
우수에 젖은 그의 눈빛 떠올리며
잠 못 이루던 나날들

중학교 때
십 대 중 가장 행복했던 시절 왜냐면
밤새 통화하던 친구도 친구지만 바로
'바람과 함께 사라지다' 때문이야
백 번도 넘게 본 것 같아
비비안 리 19세기 미국 남부 모든 게
어찌나 낭만적인지 그 드레스며

중2 때 한번은 난리가 났었어
'여명의 눈동자'라는 드라마에서
남녀 주인공이 드디어 키스했거든
꺄아악! 모여 앉아 장면을 이야기하며

소리 지르던 친구들 명대사를
읊어대기도 했지 가슴이 떨려서
제대로 수업을 할 수 없는 상태였어

《제인 에어》* 덕분에 일찌감치
로맨틱한 영국 여행을 할 수 있었어
고달픈 제인의 유년 시절, 우울한 로우드 학교
공상 속에 그려진 평원 대저택의 사건들
옴짝달싹할 수 없었지
마지막 책장을 덮을 때 감동이란
로체스터와 제인의 재회를 잊을 수 있겠니?

다락방 창문 앞에 앉아
라디오를 끌어안고 펑펑 울었어
서태지와 아이들의 '이 밤이 깊어가지만'
가사가 흐르고 있었거든 같은 하늘 아래
함께 할 수 없다는 게 서글펐어
서울 가고 싶었어
직접 듣고 따라 부르고 싶었어

고3 열심히 공부해야 하지만
시험 기간이라도 어떻게
'모래시계' 유혹을 뿌리칠 수 있겠어
부산에서 볼 수 없어 친구가
녹화된 비디오테이프를 구해줬는데
눈을 뗄 수 없었지
진학을 코앞에 두고 있었는데도

탐닉하고 탐닉했어
작은 소행성들이 마음을 차지했지
행성에는 온갖 진귀한 감성이 가득했어
하나하나 얼마나 소중했던지 배에
품고 다녔어 어미 새처럼
십 대의 막바지 소행성은 부화되고
쑥쑥 성장한 거야 지금 이 모습 그대로

* 영국의 소설가, 샬럿 브론테(1816-1855)의 소설

내면의 소리는 울려 퍼지고

쉬운 일

원인을 외부에서 찾는 일은
쉬운 일이다

부모, 친구, 가족, 사회, 세상
대상을 찾아서
이유를 만들면 된다

원인을 내게서 찾는 일은
어려운 일이다

대면하기 싫은 자신의 모습을
낱낱이 파헤쳐
찾아내야 하기 때문이다

고통스러운 일이다

그러나 진정한 용사는
전쟁터에서 싸워 이긴 이가 아니라
자신과 싸워서 승리한 이다

2017년

아가야

아가 천국에는 잘 도착했니
훨훨 날아서 따뜻한 그 품에 안겼니
천사들이 노래하고
사랑만 가득 찬 어른들이 네 손을 잡았니
너는 까르르 웃으며 물개박수 치며
세상에서 가장 행복한 함박웃음을 짓고 있겠지

네가 떠난 이곳은 떨리고 추워서
모든 게 얼어버린 빙하 가득한 땅이 되었단다
푸르른 하늘은 회색으로 변해 올 것만 같고
눈앞에는 꽃도 없고
예쁜 강아지도 도망가버리고
쿵짝쿵짝 장난감도 죄다 망가져버렸단다

그 땅에 서있는 이모는 할 수 있는 게 없어서
눈물만 뚝뚝 흘릴 뿐 네 손을 잡고 싶어
가슴앓이만 할 뿐 아가야 아가야
하염없이 널 부르며 주먹으로 가슴만 칠 뿐
예쁜 우리 아가 위해서 할 수 있는 게
없구나 아무것도 없구나!

지옥으로 변한 세상 속에서 파란 하늘을 바라볼 때
여기 서있는 이모를 향해
괜찮아요 말도 못 하는 네가 까르르 웃으며 위로의 손을
그 조막만 한 손을 내밀 때
이모는 그저 그 작은 손을 가슴 깊이 품고
이 지옥 같은 세상을 살아낼 수밖에 없구나 우리 아가야!

2021년 1월
세상이 학대로 잃어버린, 16개월 아가를 위하여

이별이라고

그녀에게 말했던가
널 사랑하지 않는다고
그럼 사랑이 새처럼 날아가면
이별을 해야 하는 거야?

그녀에게 말했던가
사랑은 무지 속 착각이었다고
그럼 착각 속에 살아가는 시간은
아무런 의미가 없단 말이야?

그녀에게 말했던가
지나간 시간은 별들에 묻혀버렸다고
그럼 묻혀버린 시간을 모아 모아
마음의 무덤을 꼭 만들어야 해?

그녀에게 말했던가
추억은 영겁의 기억이 되어 생의
끝없는 사연이 될 것이라고
그럼 예전처럼 우리 아름답게
웃을 수도 있단 말이지?

그녀에게 말했다
이미 돌이킬 수 없는 꿈같은 연기라고
그 작은 분자들은 날아가버린 것 같아도
영혼의 책장 속엔 언제나 간직될 거라고

그게 너와 나의 결별이며
우정이란 이름과의 이별이라고

2020년

영광이라는 것

세상 사람들이 우러러 환호의 음성을 높일 때
영광에 젖은 미소로 화답을 한다
나에 대한 박수이며 나에 대한 사랑이며
나에 대한 열광이었다

천지를 흔드는 환호에 입을 크게 벌려 심호흡을 한다
그 영광은 유기체가 되어 우주를 날아다니며
이제는 잡을 수도 없고 잡히지도 않고 의지를 떠나
내 것이 아닌 그 누구의 것도 아닌 요상한 것이 되었다

달콤함은 눈빛을 흐려 회색빛 초점이 응시하는 것은
실체 없는 유령의 판초 우의처럼 내 모습을 덮는다
가려진 응어리는 나도 모르고 너도 모르고 아무도 모른다
썩어져 간다면 도려낼 것을 감지도 못한 채 나날이 흘러간다

영원할 것이라 여겼던 모습은 폭 가려진 채로 성장했는데
도무지 무엇인지 알 수 없는 생명으로 늙어버린 실체여
환호하던 그들은 사라지고 손바닥 위에 있던 영광은 죽어간다
다들 죽어 남아있는 것이라곤 혼(魂)에 드리운 칙칙한 오물뿐인 것을

2021년 1월

사울

오, 사울이여

그토록 아름답고 겸손하며 부끄러움이 많던 이여
당신을 묘사한 성경 한 부분을 읽으며
눈물을 흘린다

난 알고 있지

사울은 왕으로 세워진 후
그토록 끝없는 오만과 교만으로 인하여
하나님은 그를 가차 없이 치시고
다윗, 그가 이스라엘의 새로운 왕이 되도다

왕이 되기 전
당신의 인애하고 순수하며 신중했던 모습
그 부분을 읽으며 눈물을 흘린다

인간이여
이토록 나약하고도 악한 인간이여
누가 자유로울 수 있겠는가!

권력
도대체 무엇이란 말인가

2018년
구약 사무엘상(1 Samuel) 10장을 읽으며

분노라는 것

마음이 붉게 물들어 뜨거운 향내를 내뿜고
서슬 퍼런 기운의 단면이 가슴을 할퀸다
심방과 심실의 활동이 극도로 활발해질수록
숨 가쁜 호흡은 턱 막힐 정도의 힘으로 정신을 압박한다

손해다
여린 살결과 안에 보이는 핏줄에 살아있는 리듬을
부여해준다면 그건 이득일 것이다
하지만 아무리 뜯어보아도 살에서 피가 나는 손해다

뜨거운 향내에 마음이 데이고
단면의 날카로움이 가슴에 흉터를 남겼으며
심장의 불안한 뜀이 생각을 흐리고
비정상의 숨은 비장한 영혼을 퀴퀴한 어둠 속으로 내몰았다

지혜로운 한 여인은 그 어둠의 길을 걷다가 환한 별을 발견하는데
그것은 내려놓음이었다
별빛은 여인의 존재성을 잊어버리기에 충분했다
그 빛을 따라 걸으니 안개는 걷히고 명확한 대로가
보였던 것이다 분(憤)의 연기는 그토록 허무하게
사라지고 말았다

2021년 1월

자기애(愛)

당신을 사랑합니다
다른 건 생각할 수도 없고 먹을 수도 없습니다
잠을 잘 수도 없습니다 꿈을 꿀 수도 없습니다
당신 생각에 눈물만 흘리니 내가 불쌍합니다

행복합니다
가슴이 부풀어 올라 터질 것만 같습니다
설레임에 심장이 뛰고 소름이 돋습니다
당신 품에 안긴 내 모습을 상상합니다
이루 말할 수 없는 환희 그 자체입니다

쉼 없는 절정의 물줄기가 핏줄을 통과합니다
뜨거워서 목이 마릅니다
물을 마셔야 될까 술을 한잔 들이킬까
담배 연기가 퍼질 때처럼 몽상에 잠깁니다
몽유병인지 상사병인지 오묘한 쾌락입니다

그대여 알고 있는가
담대히 구별할 수 있는 용기를 갖추었는가
대상을 향한 사랑인지 날 너무도 사랑한 것인지
사랑받는 것에 대한 애착인지 달콤한 중독인지
상대에 비친 자아에 도취된 건지 자기 연민에 빠진 건지

사랑인지 한낱 자기애인지
그대여
기민하고 진실하게 성찰할 수 있는가?

향기

향수가 주는 자극은 옛 기억을 불러주거나
이국적인 마을에 서있는 듯한 상상을 불러일으키곤 했다
꽃의 향기는 좋아하는 사람을 만날 때처럼
두근거림을 선사하며 수줍은 아가씨처럼 미소를 짓게 한다
이웃집의 향기가 이곳의 특별한 사연을 읊어주는 듯
곳곳에 배어 손님을 맞이하고 고유한 추억으로 우릴 데려간다

향기란 이런 것인 줄 알았다
자연에 펼쳐져 있고 아담한 병에 담겨 아롱거리며
이웃의 정겨움을 마음에 담게 하는 내음인 줄 알았다

사람아
독특한 향기는 당신을 알려준다 시곗바늘이 시간을 가리키듯
당신을 정확히 말해준다 숨길 수 없는 향기가 사방으로 퍼진다
그 향기는 영혼을 위로하기도 하고 마주 본 이의 가슴을 훼파하기도 한다
사람의 시간을 농축시켰고 사람의 행위를 응축했으며
살아온 나날의 행보를 여과 없이 알려줄 정도로 응집되어
우리에게 알려준다

2021년

이십 대에게 보내는 헌시(獻詩)

스무 살이 되던 그해

불안과 두려움과 가난이 덮치리란 걸
상상만 한 채
떨림과 기대와 미래의 청사진에
달아오르는 흥분에 취해
이십 년의 시절을 뒤로하고 고향을 떠난 그날부터
나의 짝사랑은 시작되었다

꿈을 향한 짝사랑
부를 갈구하는 갈망
명예를 향한 욕망
일상을 저버린 희망
현재를 터부시하는 오만함
현실과 비전의 끊임없는 갈등
외로움을 보듬지 못한 불안

그 이십 대는 결국 병이 들고 말았다

독립을 한 예술가는 가난으로 숨고 또 숨었다
미래에 대한 두려움과 우울감이 친구가 되었다
소소한 감정 하나하나에 불안의 양념을 쳤다
우정이든 사랑이든 그 어느 것 하나 자신이 없다
자신만 바라보고 자신만 생각하다 잠이 들곤 했다
내 안위, 내 정서, 내 기분, 내 생각, 내 생각… 그 과몰입

청년이여

순간에 집중하여 지금에 충실했더라면
오늘을 벗 삼아 미래를 쌓아 올렸더라면
앞에 보이는 것에 감사할 줄 알았더라면
세상으로 시선 돌려 나 아닌 누군가에 관심을 가졌더라면
날 아끼는 것만큼 널 사랑할 줄 알았더라면
성실이라는 것에 차별이 없었더라면

그랬더라면 그랬더라면 자유로운 생의 춤으로
아름다운 곡선을 그리며
하늘 높이 뛰어다니며
이 영혼의 보석을 마음껏 나눌 수 있었을 것을!

2021년 4월

피아노에 앉으면

어느덧 피아니스트가 되어 소리를 내고 싶어도 그러지 못한다
건반 하나에 수많은 사연이 담겨 있음에도 소리 내질 못한다
자유롭게 한 곡을 연주하는 그 사람이 부럽다
목소리가 있음에도
하고 싶은 말을 하지 못한다 첨예한 갈등이 높은음자리표 소리처럼
귓가를 맴돌고 둘러싸여 마음을 어지럽히기 때문이다
피아노는 소리를 낼 수 있고
연주자는 그의 솜씨로 세상에 음악을 펼쳐놓지만
피아노 앞에 앉은 한 예술가는 제대로 치지도 못하고
제 노래도 자유롭게 부르지 못한다
피아노에 앉으면 한 음절 소리만 튕길 뿐 어지러운 세상에다
내뱉질 못한다

2020년

함정

군중이 추켜세우는 그 누군가
바벨탑에 올라 세상을 바라보는
그는 그녀는 '나는 신이다'
그 메아리 함정이 되어 옭아매니
앞에 아이도
뒤에 노인도 옆에 친구도 내 알 바 아니어라

미디어란 유혹의 속삭임
로렐라이 위 요정은 누굴 낚을까
대굴대굴 눈알을 굴리고
천리안 요녀 사냥감은
자취 없이 사라질 함성에 취해
발그스레한 눈빛 띠며
죽음의 늪으로 서서히 들어선다

돈, 안에서 헤엄치고 싶어
건물, 안락의자에 앉아 낮잠을 청할 거야
인기, 그래 모두가 소리 지르니 황제가 될 터인즉
소원, 원하는 건 단 하나 최고가 되는 것
시간, 바쁘게 돌아가는 인생 미치광이가 된다 해도
자랑, 보여줄 것만 가득한 쾌락 끝없이 채우리라

심장은 자기 자신이 되지 못해
말초신경 만져주는 연애와 키스, 거짓 사랑을 가득 채우고
초상화 주인이 되지 못한
초라한 타인이 되어 미디어 속을 맴돌아
향락에 젖은 지휘자 그 도구가 되어 소품이 되어
세상에 단 하나로 창조된 그는 그녀는
순간의 전리품이 되어 소비되어
닳고 닳아버린다

꽃과 아이와 브라운관

칼과 피가 난무하는 세상에
작은 꽃이 피었다
함초롬히 얼굴을 내밀어
주변을 둘러보니
살기 어린 눈빛으로 노려보는
그들의 잔혹성에 고개를 떨군다

생기발랄한 아이는 웃음을 잃고
한 곳만을 바라본다
가상의 세계
휘황찬란한 빨간빛이 브라운관을
장식할 때 위풍당당함이란
역겨운 냄새를 뒤로하고

피에 열광하는 그들의 박수에
작은 꽃은 어딘가로 숨어버렸다
귀여운 아이는
얼굴이 발개지고 풀이 죽어버렸지
아이야 작은 꽃에게
살포시 물을 주고 노래를 불러주겠니?

현실이 아닌 곳의 칼과 피는
이웃에게 실체로 다가왔다
거리는 피로 물들고 어둠의 영 아래
있던 수하는 기어이 칼잡이가 되고 마는
현실과 가상이 뒤범벅되어 버린
희망의 나라 꿈의 땅

물을 흠뻑 머금은 작은 꽃은
아이의 미소로 무럭무럭 자라고
네 향기는 세상에 희망을 전하는 선물
만방에 펼쳐질 순백의 스크린에
선을 긋고 색을 칠해 예술로 명명되는
자연의 열매

엎어진 피의 흔적 위에
아이는 고른 흙을 뿌린다
꽃을 피울 마음에 까르르 웃으며
칼의 두려움을 덮어버린 생명의 화음
붉은 자국은 자취 없이 사라지고
진짜만이 펼쳐질 우리네 땅 진실의 옥토

3

가족이라는 이름으로

엄마 젖

오물거리는 입술이 행복을 부르는 건
네 눈이 날 보고 있잖아
조그만 손으로 날 어루만질 때
촉촉하고 싱그러운 감촉에
눈물을 빼고 말았어

방긋 웃는 아가
마음을 들여다보는 네 눈빛
조그만 입술에 흡입되는 따뜻한 젖
몸에서 흐르는 생명의 단물로
우린 춤을 추고 있구나

말랑한 살결은 내 것이 아닌
꼬물거리는 너의 것
전이의 시간은 경이로 가득 차고
머리도 자라고 키도 자라고 마음도 자란다
너와 날 키웠던 그 시절 엄마 젖

2020년

19세기 우리 아빠

아빠는 키다리 아저씨 세상에서 가장 크고 힘이 센 아저씨였어요
잠든 척 누워있을 때 훌쩍 안아서 이부자리로 옮겨주었지요
여름밤이면 평상에 누워 별을 헤아리며 '고향의 봄'을 불렀어요
아빠의 겨드랑이에 자리 잡은 검은 풀밭이 어찌나 신기하던지
훅 잡아당기면 아프다며 웃으셨어요

아빠는 가끔 비틀비틀 걸어오시며 화를 내곤 했는데 술 때문이에요
엄마, 동생, 저에게 험한 말도 하시고 알아듣지 못할 이야기를 하셨어요
무서워서 이불을 덮어쓰기도 하고 어딘가로 도망치기도 했지요
아빠만큼 용감한 엄마가 있었기에 그나마 다행이라 여겼어요
유년기 시절 아름다움은 공포와 짜깁기되어 우리를 성장시켰지요

새벽에 일어나 마루 끝의 화장실을 갈 때 귀신이 따라온다는 상상을 했어요
오줌은 마려운데 후덜덜 떨려서 걸음을 뗄 수가 없으면 아빠를 깨워요
한마디도 하지 않고 일어나서 볼일을 다 볼 때까지 기다려주셨지요
양복을 차려입고 종종 경양식집을 가서 함박스텍을 시켜주시면 행복했어요
단둘이 데이트하자며 드라이브를 가곤 했는데 그렇게 딸과 함께 하는 게
스트레스 해소법임을 이제 알아요

매일 동트기 전에 일어나서 운동하러 나가셨어요 밤이나 다름없는데
말이죠
축구를 제일 좋아하셨어요 쉬지 않고 뛰면 땀이 비 오듯 흐르는데
아빠는 언제나 땀에 젖어 있었어요 집으로 돌아와서 모든 창문을 열고
아침 공기를 마시게 해주었지요 마당에 심긴 나무와 꽃들에게는
물을 주었어요
일어나기 싫은데 아빠의 큰 목소리는 기상나팔 소리와 같았답니다

여덟 살 때인가 동네 남자아이가 툭 때렸어요
속상하고 아프고 울며 집으로 돌아왔는데 아빠는 저한테 화를 냈어요
왜 맞고 들어오냐고 하셨죠 난 힘도 없는데 남자는 두려운데 속상
하기만 했어요
주눅이 들어서 아무 얘기도 못 하는 소녀는 강함과 약함의 기로에
서있어요
목소리도 크고 화도 많이 내고 신경질 부리는 아빠가 힘들었어요

눈물이 많아서 드라마를 볼 때도 영화를 볼 때도 우셨어요
올림픽 아시안게임 또는 월드컵에서 대한민국이 승리하면 덩실덩실
춤을 추셨어요
어느 땐 함께 뛰었는데 운동장 열 바퀴를 돌고 산을 타기도 했어요
아빠는 뒷짐을 지고 오르시며 우린 한 몸이 된 듯 발을 맞추었답니다
딸은 산 같은 아빠가 든든했어요
원하는 건 거의 다 사주셨는데 마치 내 선택을 신뢰하는 것 같았지요

아빠!
불러보아요 19세기 우리 아빠는 키가 크고 전봇대처럼 당당했어요
사자처럼 무서울 때도 있고 덩치 큰 아이처럼 우실 때 어린 마음도 아파
울지 마 달래주곤 했던 딸과 함께 그곳에 있어요 애(愛)와 증(憎)이
교차하며
사랑스러운 당신이 날 안아주던, 업어주던, 웃어주던, 혼내시던
반여동 이층집 마당에 우린 함께 있어요

2020년

Boy

웬일로 포옹 시간이 이토록 긴가요?

요 며칠 뽀뽀에도 인색하고
안아주면 마치 귀찮은 듯 멋쩍은 표정을 짓더니
오늘은 이토록 꼭 껴안는 이유가 뭔가요

너무 잘생기고 이쁘고 그 눈빛에 매혹되어
한동안 업어드렸더니
웬일인지 계속 매달려 있으시네요

누님이 이곳에 없어서 2학년 아기가 되었나요
누님이 있으면 의젓한척하잖아요
그런데 전 허리가 나가겠어요

도무지 키가 맞질 않아
네가 침대 위에 서야만 포옹의 키 높이가 맞지요

부쩍 다 큰 것처럼 행동하더니
오늘은
5분 동안 가만히 날 안던 널 안으며 생각해요

아들은 엄마의 한없는 포옹을 원하는구나!

넌 때가 되면 날 떠날 테지
그럼에도 네 심장과 육체와 정신이
떡 벌어진 어깨가 더 이상 날 필요로 하지 않을 때까지

널 꼭 안아줄게
언제든 어디서든 말이야

그제야 건강하게 네가 날아갈 수 있을 것임을

오늘도 느끼는구나

네가 평생 간직할
어릴 적 포옹의 횟수가 넘쳐나고 충만할수록
네 삶을 튼튼하고 씩씩하게 걸어갈 것임을

엄마는 오늘도 느끼는구나

2018년

볶음면

라면도 아니고 자장면도 아닌
볶음면에 온 가족이 둘러앉았다
엄마의 손길이 아닌 아빠의 큼지막한 손으로
물을 맞추고 면을 익혀 양념을 넣고 정성스레
비볐다

아빠의 머리에는 송골송골 땀이 맺혔다
이 신중한 의식은 나의 능력을 더할 수 있는
절호의 기회이다 면발로 아내의 미소를 얻을 수 있고
절묘한 맛으로 아들의 신뢰를 높일 수 있는
참으로 중요한 오묘한 타이밍이다

후루룩 먹으며 맛있다 연발하는 아내와 아들의
칭찬에 어느 유명 셰프가 부러우랴 이미
최고의 점심으로 볶음면 하나에 잔치가 된
식탁에는 사랑과 음악과 이색적인 맛이 섞여
위대한 하모니를 이루고 있었으니 말이다

2021년 3월

교감

딸과 함께
텔레비전을 켜고 뭘 볼까 하다
'님아, 그 강을 건너지 마오'로 결정하고
나란히 앉았다
풍광 속 신랑과 색시는 숙고사 한복을 입고
공간을 가로질러
이곳으로 오더니 둘의 머리를
쓰다듬어주었다
엉엉 엉엉…
어색한 줄도 모르고
딸도 울고 나도 울고 함께 울었다
낯설었을까
눈이 퉁퉁 부은 사춘기 소녀가
갑자기 등짝을 내밀고선
긁어달라길래
박박 긁어주었다

2020년

세대 차이

이십 대에는 나를 바라보았다
삼십 대에는 아이들을 바라보았다
사십 대에는 세상을 바라보고 있다
이 간접적인 시선은 종종
날 고통스럽게 한다

2020년

아이들

엄마가

밥 짓고

빨래하고

청소하는

일상의 사부작거림조차도

평안의 음악으로 듣는 게

아이들이다

2015년

여보라 부른다

난 그를 여보라 부른다
마음의 향기에 코를 들이밀었다
꽃 내음, 풀 내음, 흙 내음, 바다 내음
깊이를 알 수 없는 자연의 향기에 매료되었다

난 그를 여보라 부른다
후덕한 심성과 믿음의 인내가 단단하기에
주름은 평온의 상징이요 미소는 배려의 덕목이며
산을 닮은 풍채에 지친 새들이 날아들었다

그는 샘물을 길어 올리고 해갈의 기쁨을 맛본 새는
빨간 앵두를 물고 퍼덕퍼덕 날아오른다
앵두의 씨앗은 황톳빛 땅을 온통 초록빛으로 물들였다
난 그를 내 생의 여보라 부른다

2020년

연습

이제 그가 오지 않는다

새벽마다 깨워서는
옆에서 재워달라 했던 그가
이제 오지 않는다

며칠 전부터
자신의 침대에서 한번 자면 쭉 잔다

느낌이 이상하다

귀찮고 힘들었지만
오질 않으니 허전하다

아침이 되어
곤히 자고 있는 아들을 보니
마음이 저린다

자식은
떠나보내는 사랑이라 했던가

난 작은 연습을 하고 있다

2016년

부엌에서

신은 여러 길로 날 이끌어주시지
주방도 마찬가지야
그 길은 아직도 적응되지 않아
주방은 놀이터가 되어야만 해

얼마나 많은 음식과 설거지를 해야만 했던가
울기도 많이 울었어
남들은 쉬워 보이는 그 길이
난 너무 힘들었으니까

하지만
그 길을 통해 인내를 배웠어
노동의 가치를 알았어
성실을 체득해갔어
보람을 느꼈어

그 길을 아름답게 꾸미기 위해
지금도 난 음악을 틀지
신이 주시는 길 버릴 게 없더라
그저 열심히 걸을 뿐

2015년

두통에 대한 단상

위장이 꿈틀대어 아무것도 할 수 없다
머릿속에 큰 이물감이 느껴진다 한 발짝 내디디면 세상이 흔들린다
어지러움은 구토를 동반하기에 누워있는 것밖에 할 수 있는 게 없다

두통은 어느 순간 친구가 되었다
이 친구로 인해 응급실을 찾는 일은 둘째 아이를 낳고서 시작되었다
원인은 지금도 알 수 없다
종합병원에서 검사를 해봐도 원인이 없다
요즘은 가끔 만나는 이지만 친구라 부르기에는 고통스럽다
어떡하랴 종종 찾아오니 친구라 부를 수밖에

원인이 뭘까
둘째도 함께하는 일상이 고달팠던가 스트레스인가
날 돌볼 겨를이 없으니 자기애의 비명인가
본능은 훨훨 날아오르길 원하지만 두 아이를 쉴 새 없이 지켜보니
본성을 거스른다며 방어 기제의 발동인가

두 아이는 이제 아이가 아니다
두 사람이며 두 주체이며 두 자아가 되었다 내 몸과 정신은 훨씬
자유롭다
그러나 여전히 두통은 찾아오니 이렇게 생각하기로 했다

방방 뛰다 못해 마음의 간극 아래로 뚝 떨어져버리기도 하고
심연에 물을 채워 꼬르륵대는 천방지축 내면을 멀찍이 지켜보다가
오만해질까 겸손을 놓칠까 방만할 틈 없이 방문해주는 친구라고
끙끙 앓는 이틀의 시간이 없다면 행여 괴물이 될까 두려워
때를 놓치지 않고 툭툭 두드리며 살포시 미소 짓는 이웃이라고

한 사람

퍼주고
또 퍼주고

이 몸 바쳐
최선의 것을 다해도

모자라다 모자라다
더 주세요 배고파요

사랑이 고파요
관심이 고파요
배고파요 배 아파요

하는 존재들이
아이들인가 보다

그렇게
한 사람으로 성장하니

한 사람이
어떻게
아니 소중할 수 있으랴

2017년

질투

지하철 문 앞에 한 커플이 있다
서로를 바라보는 눈에서
꿀이 뚝뚝 떨어진다

무엇이 저렇게 좋을까
수많은 이들 가운데
둘만의 세상을 만들었다

아들이 퍼뜩 떠오른다
연인이 생기면 저런 눈빛을 띨까
소름이 돋고 부아가 치민다

2021년 5월

10월의 루틴

10월의 오전 공기는 쌀쌀하다
늦잠을 자는 바람에 등교하는 딸의 뒷모습을 놓쳐버렸다
미안해
온라인 수업을 하고 있는 아들의 식사를 준비한다
또 샌드위치냐며 투덜거리겠지만 이만큼 맛있는 아침 식사가 흔할까

늦게 일어나서 오전 청소를 못 했다
창밖에서 인사하는 예쁘게 단장한 나무들에게 미소를 보낸다
어느 순간 가을의 나무는 벅찬 감흥을 일으킨다 발갛게 물든
가을이 참 좋다
창문을 열고 공기를 순환시키니 지금 이 공간은 자연이 된다

몸이 찌뿌둥한 건 머리 위로 발을 올려가며
태권도를 하기 때문이다 움직임이 자유로워 그야말로 자유를 느끼지만
오전 근육통은 감당해야 할 몫이다 나는 사십 대이다
몸을 예민하게 인지해야 다치지 않는다 근육은 아파도
태권도라는 하나의 의식은 감동이란 감정을 가지고 다가왔다

딸과 아들은 유년기의 추억을 돋우는 천사들이며 태권도는
십 대의 한 부분을 고스란히 안고 있기에 요즘은 시공간을 넘나든다
아, 음악을 틀지 않았구나
오전에 클래식을 듣지 않는다는 건 상상할 수 없다
치유란 이럴 때 쓰는 용어이리라

신문도 그렇지만 유튜브는 근간에 좀 친해진 친구이다
일정 부분의 유익한 정보를 이 친구를 통해 듣는다
가끔은 허튼 이야기를 할 때도 있는데 가차 없이 고개를 돌려버린다
이해해주겠지?
정신과 마음의 건강을 위한 일이니 말이야 이렇게 하루가 시작된다

2020년 가을
마스크를 쓰지 않고는 외출을 할 수 없는 시대에 우두커니 서있다
올해는 오전의 루틴을 통해 좋은 것들을 배웠다
알고는 있었다 해도 순간의 경이로움은
반복을 통해 다가옴을 진한 가을 햇살을 보며 그저 '느낀다'

2020년 11월 2일

엄마와 딸

엄마 이십 대에
난 초등학생이었다
큰 존재 엄마가
바로 이십 대였다

엄마 삼십 대에
난 사춘기였다
삼십 대 엄마에게
바득바득 대들었다

엄마 사십 대에
난 이십 대였다
아직 젊고 힘이 넘치심을
알지 못했다

엄마 오십 대에
나도 엄마가 되었다
엄마와 엄마가 만나
신기하게 아기를 바라보았다

엄마 육십 대에
난 사십 대가 되었는데
사십이 넘으니 엄마가 보였다
딸 철드는 데 사십 년이 걸렸다

4

삶의 또 다른 발견

아름다운 것들

아침 햇살의 청량함
맑은 공기가 주는 신선함
먼지를 닦아내는 부지런함
빵 냄새가 주는 고소함

신문이 알려주는 새 소식
분주히 지저귀는 새의 노래
활발한 아이들의 웃음소리
커피가 주는 그윽한 향기

정성스럽게 단장한 모습
찰랑찰랑 흩날리는 머릿결
핸드크림을 바른 정갈한 맨손
사람을 향한 따뜻한 미소

라흐마니노프의 낭만적 선율
톨스토이의 미학적 인간애
푸시킨이 읊조린 문장들
스타니슬랍스키의 연기론

화초들이 내뿜는 싱그러움
전화 너머 음성에 밴 다정함
눈물과 함께 쏟아지는 후련함
지금 순간을 사랑하는 슬기로움

파란 하늘을 물들인 주황빛 노을
거실을 가득 채우는 클래식의 향연
하얀 저녁밥 위에 올린 아삭한 김치
밤의 감미로움에 수놓는 혼자만의 기도

2020년

위안

맑은 눈으로 당신을 볼 수 있어 다행이다
목을 젖혀 달의 하얀 기운을 느낄 수 있기에 좋다
손이 건반을 치는듯한 손놀림으로 된장국을 끓이니 구수하다
허리를 굽혀 꽃 내음을 맡으니 다행이다
통통한 엉덩이로 산이 맞닿은 강변 벤치에 앉으니 좋다
무릎을 움직여 동산을 오르락내리락하니 인생 같은 둘레 길이 정겹다
맨발로 바닥을 지르밟으니 땅의 기운이 머리끝까지 솟구치며 몸을 위로한다

2020년

창조성에 대해 이렇게 말했다

이웃에게 열의를 느낀 나는
이 위로를 마음 구석 어디에 저장할까
고민했다
켜켜이 담아야 했다 잊어버릴 수 없는 일이다
기억하고 언제인가 다시 꺼내어
한참을 들여다볼 터이다

수익을 향한 열정이 생소했다
저 이윤을 위한 창조성은 흉내 낼 수 없는 영역이여
따라 해볼 도리도 마음도 없어 감탄할 뿐
거기에 진솔함까지 더해져 그녀 영토가 활기를 띠니
내 영토의 거름이 되더이다

이런 이웃은 또 어떠한가
무예는 힘과 절도가 있어 따르는 이들이 사부라 부르는데
이들은 아이들이요 꿈꾸는 자들이다
이 젊은 이웃의 정신이 꿈꾸는 자의 생령(生靈)이 되어
키가 크게 한다
청년의 창조성이 전이되어 아이는 무럭무럭 자라더이다

눈빛이 아름다우니 손놀림도 유연하겠지
음성의 힘이 마음을 사로잡았다
반복되는 하루하루가 오히려 능력이 되듯
여기 이웃은 건반 악기를 가르치며 그 정신을 전수한다
창조성이 이상향이 되어 주변을 밝히는데
보기 드문 생기(生氣)였다

길을 따라 걸어야만 창작이 가능한 줄 알았다
골수에 파고드는 짜릿한 자극이 있어야
정열에 파고가 일렁이는 줄 알았다
높고 넓고 특출한 이와 마주해야 창조의
바람이 훑고 지나갈 것만 같았다
구름을 타야만 배우가 되고 시인이 되는 줄 알았다

다해는
창조성에 대해 이렇게 말했다
"눈여겨보지 않던 소소한 이웃이 마른 가슴에 불을 당기더이다"

2021년 4월

여기에 있다

원목 탁자 위에 랩톱을 켜고서 멍하니 바라보았다
머리는 텅 비었는데 흰 바탕에 눈을 주시하며 무언가를 쏟아낼 듯
스텐 머그에는 아메리카노가 미지근하게 담겨있다

나무는 앙상하다
그래도 한들한들 마지막 노래를 한다 동면기에 접어들면 푸르름을
꿈꾸며 힘을 비축할 것이다 앙상한 가지는 볼품없는 인사를 전한다며
부끄러워한다

여기에 있다
손으로 흘러내리는 샘물이 손끝의 힘으로 연결되어 타자를 칠 것이고
나무는 여백을 잔뜩 드리우며 견고하게 서있을 것이다

샘물은 맑은 노래로 세상을 밝힌다
흰 바탕을 촉촉하게 적신 단어 하나가 당신의 영혼을 두드린다
벌거벗은 나무는 내면의 강함으로 겨울을 당당히 맞이한다

두려울 게 무엇이랴
당신이 있는 그곳은 당신이란 이름으로 존재한다
그 누구도 빼앗을 수 없는 당신이라는 유일함 그저 너라는 특별힘

시곗바늘이 쉼 없이 돌고 돌아 제자리로 무한대로
수많은 이들과 만나고 헤어지고 울고 웃고 홀로 서고
그러한들 있는 그대로 세상에 하나뿐인 너와 나는 지금 여기에 있다

2020년

꿈을 살아가는 그대는

고개를 떨군 그대는

영혼을 속일 수 없어
무대에 선 그대는
가난하다 조롱하는 세상에 맞선
그대는

종이에 누운 활자를
산 사람으로 만든 그대는
누려야 할 것을 고이 접어 희생한
그대는

누가 알아주지 않는 길 위에
홀로 선 그대는
세월을 작품으로 승화시킨
그대는

감성을 꿰매고 영감을 재단하여
황금 날개 만든 그대는
아름다운 인물로 무대를 여는
그대는

훈련으로 단련된
단단한 발성 노련한 움직임의 그대는
여과 없는 눈빛을 선물하는
그대는

한 호흡으로 숨 쉬며
끊김 없는 시간 위에 선 그대는
편집 없는 세상에서 춤추는
그대는

흉내 낼 수 없는 그 여정
찬미 받아 마땅하리 고개 들어
당당히 활보하는 그대는 그대는
위대한 연극배우

사색

아침 빛이 아름답지만은 않을 때
당신은 무엇을 하세요?
분주함과 고요함 속에서 무엇을 택할지
고민해 본 적 있으세요

새소리는 짤랑대는 종소리처럼 귓가를 맴돌아
어느덧 목구멍에 부딪히지만
어느 것도 선택할 수가 없네
눈앞에 보이는 건 가까운 이들의 소스라침

햇살은 무지개로 이곳을 채우지만
영 아름답지만은 않아
존재의 충일함은 어디로 갔단 말인가
훅 빠져나간 공간은 적막의 모래사막

사막을 걷다 보니 걷는 것밖에
할 수 없는 걸 인지하고
이곳에는 다시 모래 폭풍이 감지되니
맑은 아침에 이 일을 어찌할꼬

똑바로 정면을 응시했다
서있는 이곳은 우리의 공간이었다 나의 땀이 서린 곳이었다
눈가가 촉촉해져옴은
사색에서 깨어나 희망을 다시 품는 것으로

폭풍은 잠잠해져 시원한 바람이 되고
모래는 포근한 카펫으로 밟히며
끝도 없던 사막은 나의 집이 되었다
오아시스의 향기는 이처럼 사색의 열매가 되어주었네

2020년

연인들의 데이트

집 앞에 선 소나무에는 새집이 하나 있는데
재잘거림이 청량한 노래가 되어
하루를 시작하라고 일깨운다
무슨 이야기를 저렇게 할까 궁금하기도 하고
배가 고픈 것일까 염려되기도 하고
하릴없이 지켜보다 안녕- 소리 내어 인사를 건넨다

카페에 나란히 앉은 연인은 시종일관 미소를 짓고 있다
그들의 수다가 커피에 안주가 되었다
커피 한 모금 수다 한 모금 그들과 난
동떨어진 인연으로 연인과 인연은 한 곳을 바라본다
창밖에 펼쳐진 북한강은 연인과 인연이라는
배경에 힘입어 하나의 그림으로 완성되었다

엿들으려고 한 건 아닌데 봄기운에 전해진 이야기는
'아이 키우기'였다 상냥한 여인은
흥분과 기대가 뒤섞인 마음에
담겨있던 속내를 속사포처럼 쏟아낸다
앳된 모습의 남성은 미소를 폭포수처럼
흘려보낸다 그들은 암만 봐도 이십 대이다

새는 끊임없이 지저귀다 또 한 마리의 새를 만났다
홀로 부르던 노래가 화음을 이루어 그들은
저쪽 나무로 훨훨 날아간다
마음이 놓였다
나무 사이를 함께 날아다니며 아파트를 산속으로 만든
두 마리의 둥지가 집 앞 소나무 꼭대기 높은 곳에서
평화를 이룬다 새끼들도 재잘거리고 있을까?

2021년 4월

지하철에서

마주 앉은 사람들
눈은 통로이다 마음을 보는
유심히 보려 하지만
바닥을 향해 땅을 향해
신발을 보고 있는 듯
노력해도 볼 수 없는 눈

어디를 여행하고 있을까
많은 이들이 고군분투
바닥을 향해 가고 있을 때
밀어닥치는 외로움
자가격리* 때보다 더
쓰디쓴 고독

네모난 기계에서 눈을 떼
날 봐주길
허망한 외침은 마스크 속
맴돌고 맴돌아
나가지도 못 하고 들어오지도 못 하는
상대를 향한 관심으로

지하철 눈빛 교환은
이제 옛이야기 우린
'함께' 세상을 살아가고 있잖아
무언의 공감은
어쩌면 다시는 오지 않을
추억의 한 방편

바이러스 넘나들지 못하는 이상향
그래도 당신과
눈으로 이야기를 나누고파
오늘도 난 마주 앉은
이를 향해
마스크 속 미소를 지어본다

2021년 4월

* 2021년 봄, 저자가 '코로나 바이러스' 확진자와의 밀접접촉으로 인해 이 주간 타인과의 접촉을 제한하고 집에만 머물렀던 경험에서 비롯된 '자가격리'의 회상이다

길가에 서서 노래 부르다

그렇다
아무것도 가진 게 없다 채울 것도 없다
존재한다는 것은 무얼까
드러내고 웃고 울고 봐달라며 마음은 소리쳤지만
그 누가 관심을 가질까
드넓은 세상에 홀로 서있다

희뿌연 구름 속에 등대 하나 저 멀리서 비춰줄 때
빛은 명석한 길을 내지 않고
그저 걸으라 한다
갈 곳도 없는데 걷다 보면
초점은 점점 모여 기뻐할 수 있다고 했다
과연 그럴까 믿을 수 없다

오솔길이 보여 한 걸음 내디디니
줄지어 서있는 나무들이 보인다
뭐가 즐거운지 하늘을 향해 손을 뻗어
춤을 추듯 팔랑거리고
노래를 부른다 마치 신이 듣고 있는 듯
경탄과 찬미가 울려 퍼진다

노래를 부르라고
내 목소리를 믿지 않는데 함께
리듬을 타보자고 한다 삶은 그런 것이라고
귀띔해준다 춤추기 위한 준비가 뭐 필요하냐고
묻는다 천천히 몸을 움직여 소리를 내보았다
인간은 길가에 서서 홀로 춤추고
흥에 겨운 목소리를 내며 그 누구도 흉내 낼 수 없는
오, 작품을 만들고야 말았다
그렇다
그게 길이고 진리이고 생명이었다

잉태

뜨거운 기운이 가슴까지 훅 솟아오른다
안절부절 숨이 차오르면 심호흡을 하며 먼 곳을 응시한다
식은땀이 맺히는 곳곳이 어딘지는 알지 못한다
가슴까지 올라와 송골송골 맺혔던 열기는 어느덧 축축해졌다
이 끈적거림은 아랫배로 내려가 배꼽을 지나서 아래로 저 깊은 아래로
내려가 머무른다
강렬한 유혹의 에너지는 어느덧 머리카락을 휘어 감고
가슴을 움켜잡아 다시 뇌로 올라와서는 그 속을 백지장으로 만든다
하얀 여백에 불꽃이 일어 사방으로 튀는데 그것은
무지갯빛이며 형언하기 힘든 오묘한 색상들의 향연이다
아! 나직한 호흡이 짧은 음성을 실어 표출된다

소리의 파장에 자극을 받은 깊은 샘물은 길을 터준 수풀을 지나
천천히 흘러내리기 시작한다
마치 기름이 흐르듯 농도 짙은 액체는 도대체 무엇인가?
용암의 물줄기인가? 아니면 세 번의 샷으로 채운 커피인가?
진한 도수의 버번인가?
온몸이 부르르 떨리고 피부에 소름이 돋음으로 희락은 시작의 노래를
부른다
매끄럽고 부드러운 지층이 울렁거리기 시작하면 하늘도 땅도 지금

과는 달라지겠지

밀어붙이는 회오리는 휘이익 소리를 내며 그 아래에 바람을 일으키겠지

동굴은 공기의 부딪힘으로 기압이 상승하며 부드럽게 팽창한다 그리고 수축한다

상승한다 또 하강한다 팽창한다 그래서 수축한다 상승한다 다시 하강한다!

아는가? 눈물의 맺힘은 기쁨의 표출이요 샘물의 분출은 고여있음이 지겨워서다

그들의 희열은 멈추지 않고 반복된다 공간의 개념과 수학의 공식은 없어진 지 오래다

남녀는 무엇을 바라보는가?

무엇을 나누고 무엇을 가졌는가?

역사는 인지할 수도 없는 태곳적부터 이 세대, 지금까지 이어져 내려오고 이 신비

아, 희락의 노래는 사랑의 고귀한 도구였구나 쾌락은 신비로운 생명을 잉태시켰네

머리를 뚫고 하늘로 치솟았던 희열이 또 다른 세상을 안겨다 주었구나 아! 새로운 호흡의 율동이 배 속에서 연주되며 지상 최대의 쇼로 일렁거린다!

이렇게 역사를 이어간다 그들은 최상의 쾌락으로 인류의 숙제를

마무리하였다

소크라테스의 가르침대로 '사랑은 낳아서 그 생명이 번성하길 원한다
반드시 죽을 수밖에 없는 존재에게
생명의 영속성, 즉 생명의 영원성이 대대로 주어지기 때문이다
아이를 잉태하고 낳는 것, 그것은 신적인 것이다
반드시 죽을 수밖에 없는 존재 안에 내포된 영원성의 요소이기 때문이다'*

2020년

* 플라톤의 《향연》 중에서

눈을 뜨면 생명이 시작되다

생명력!
태양이 빛을 발하며 호흡을 한다
생명 가루가 온 세상에 펼쳐진다
눈을 뜨니 하루가 시작되고
천천히 숨을 들이마신다
맥박이 뛰며 온몸이 생동한다
피의 흐름이 느껴지는가?
생명이다

얼굴에 금가루가 뿌려진다
그래 당신은 금을 입은 사람이다
세상에 단 하나
먼동이 트는 저편에서 오로지 당신에게
집중한다 태양이 바라보는 것이다
하찮은 몸뚱이에 슬퍼할 겨를 없이
영혼의 찬가 흘러나옴을 들어라
당신은 생명력이다

그 힘은 만방에 뻗어져 공간을 채우고
그 땅을 메우고
눈빛이 가는 여기저기 호흡이 닿는 곳마다
생명은 시작된다
만지는 비누 들여다보는 칫솔 오른손이 닿는 그릇
무생물로 아는가
당신의 생기로 시작된 그 물체에
생명력이 흐른다

눈을 뜨면 생명이 시작된다
거창함이란 없다 거짓된 속삭임에
마음을 끓이지 말라 당신으로 족하다
발을 내딛는 그곳 당신으로 족하다
온몸에서 흐르는 피의 행진이
서있는 그곳 그 자리에서 시작된다
생명력!
당신으로 족하다

거울을 보며 마주 대하는 나
빛의 굴곡으로 그려진 자화상에는
태양의 에너지를 들이마신 생명력이
요동친다
봄 햇살의 금빛이 눈을 뜬 당신을
선택하였다 단 하나뿐인 너 두려울 게 무어랴
생명의 힘 그 땅에서 발휘하여
모든 존재에게 알려라 나 살아있음을!

이제 보자기를 펼 시간

덩그러니 놓여있는 연극 대본
두려워
평온한 마음을 내려놓아야 할 시간
읽어간다
낯선 이들이 반기는 것인지 외면하는 것인지
대본 속 사람들은
새로운 만남으로 어색해할 뿐 인사를 건네지 않아

나의 거실
가족, 편안한 소파, 햇살 드는 광경, 식물들
이제 놓아야 할 시간
두려워
익숙한 모든 걸 뒤로한 채 대본 속 걸어
들어가면 이곳 내가 아닌 채로
그들을 만난다 "안녕?"

저 깊숙한 곳에 숨겨둔
보자기를 펼 시간
한 면 한 면 펼치니 펄쩍 튀어나오는 것들
깜짝이야 너흴 감당할 수 있을까
오랜만이야
열정, 사랑, 집중, 정열, 맹훈련, 붉은 에너지, 거친 호흡…
가지런히 개켜놓았던 뜨거운 것들

데지 않으려
가슴 한구석 고이 개켜두었던 뜨거운 것들
일상에서 자신을 지키기 위해
한구석에 둘 수밖에 없는 황금색 보자기
대본을 들고 읽어가면 심장 박동은
요동을 친다 평범함으론 감당할 수 없는
그래 이제 보자기를 펼 시간

사춘기 소녀는 생생히 살아있다.
과거와 미래가 아닌
일직선 위에 놓여있는 현재라는 시간의 개념에
소녀와 지금의 나 사이에는 무수한 모험들이 존재한다.

배꼽이 빠질 정도로 재미있는 일도 있었고
너무 써서 뱉어버리고 싶은 날도 있었고
기쁨으로 충만해 하늘을 날 것만 같은 일도 있었으며
눈물이 앞을 가려 슬픔인지 우울인지 분간하기 힘든 날도 있었다.

어머나,
그렇게 마흔을 훌쩍 넘어버리고 어느덧 중반을 향해 달려가고 있다니.
숫자로만 인지된 나이라고 해도 인정할 수밖에 없지.
불혹이 넘었으니 어떤 식으로든 정돈이 필요하다는 생각에
그래 시를 그리자는 마음이 더해졌다.

삶이라는 화폭 위에 그림을 그리듯 하얀 모니터 위에 시를 그렸다.
그렇게 2020년이 축복으로 다가온 것이다.
바이러스에 묻히지 않겠다는 다짐과 함께 새로운 나날이 시작되었다.

오늘도 난 '여배우'를 넘어선다.
여배우 안에 갇히지 않기 위해 새로운 날 새로운 호흡을 시작한다.
여배우임에도 여배우를 넘어서려는 기운이 현재에 역동성을 부여한다.

어느 날 다가온 나의 신,
나의 하나님이 용기란 무기를 쥐여주었고
칼 융(Carl Jung)이 얘기한 것처럼
나는 누구도 모방하지 않고 누구도 흉내 내지 않는 가운데
길을 걷고 있으며 이 길이 나의 삶이요, 즉 나의 길인 것이다.